Copain de Pompiers

Madeleine Schachter
Illustraté Par Yvonne Lonergan
Traduit Par Colette Lonergan

Timothy vivait à seulement un pâté de maisons de la caserne des pompiers. Il aimait regarder le gros camion de pompiers rouge. Quand il allé à l'école, il saluait les pompiers, et ils le saluaient en retours.

Ils étaient tous des amis de Timothy, mais son meilleur ami à la caserne était Mike.

Mike était un adulte et faisait un travail important de pompier, mais il trouvait toujours le temps pour parler à Timothy.

Timothy se rendait à la caserne à bicyclette et les autres pompiers criaient, "Hé, Mike, ton copain du feu, Timothy, est là!"

Ensuite, Mike apparaissait à l'arrière de la caserne et dit, "Bonjour, Timothy. Comment est mon copain de feu aujourd'hui?"

Cela donnait l'impression à Timothy d'être important.

Timothy aidait Mike à astiquer le camion de pompiers et essayait son chapeau.

"Tu vois cette échelle, Copain Pompier?" demanda Mike. "Cela peut me conduire très haut dans le ciel."

"À quelle hauteur cela peut-il t'emporter?"

"Cela peut m'emporter si haut que je me sens comme si j'étais près des étoiles. Si jamais je me rapproche vraiment d'une étoile, je vais tendre la main et la chatouiller!"

Timothy et Mike ont ri de la blague de Mike.

Avant que Timothy ne rentre à la maison, Mike attrapait toujours un paquet de bonbon et le tiré de sa poche. Il en offrirait à Timothy.

"Sers-toi, Copain de Pompiers," dirait Mike.

Timothy et Mike ont préféraient les rouges parce qu'ils étaient de la même couleur que le camion de pompiers.

"À bientôt!" Disait Mike quand Timothy a commençait à rentrer a la maison.

Un jour, Timothy a été renvoyé tôt à la maison après l'école. Il se demandait pourquoi.

Il ne se sentait pas malade, mais c'était amusant de quitter l'école plus tôt et de rentrer à la maison avec ses amis.

Il passa devant la caserne de pompiers, mais celle-ci était vide. Timothy savait que cela voulait dire que les pompiers étaient quelque part pour aider à éteindre un feu.

Quand Timothy rentra chez lui, sa mère était assise dans le salon et regardant la télévision. Les informations étaient branchées et Timothy pouvait voir des ambulances, voitures de police, et camions de pompiers à la télévision.

La mère de Timothy s'est levée et a embrassé Timothy.

Parfois, Timothy hésitait un peu lorsque sa mère l'embrassait, mais cette fois, il comprit que c'était plus que son baisers habituel.

La mère de Timothy dit à Timothy que quelque chose de très grave s'était passé. Un grand bâtiment avait pris feu. Timothy et sa famille étaient en sécurité, mais il y avait beaucoup de feu et de fumée.

"Penses-tu que Mike, et là, pour éteindre le feu?" demanda Timothy.

"Oui, Timothy, Mike est là," a répondu la mère de Timothy. "Mike est très courageux."

Le lendemain, la mère de Timothy est entrée dans sa chambre où Timothy avait joué avec ses camions de pompiers jouets. Timothy pouvait voir que sa mère avait pleuré. Elle s'agenouilla à côté de Timothy.

"Timothy, je dois te dire quelque chose de très, très triste. Ton ami pompier, Mike, essayait d'aider quelqu'un qui qui aurait ètait blessé par le feu, et il s'est blessé lui-même."

Puis elle a dit, "Mike est mort," et a expliqué que Timothy ne pourrait plus voir Mike ou être avec lui.

Timothy s'est mise à pleurer aussi.

Timothy et sa mère se sont enlacés très fort pendant très moments.

Puis elle dit, "C'est très triste, Timothy. Je sais que Mike te manquera. C'était un bon ami et il a eu beaucoup de chance de t'avoir comme copains pompiers."

Le lendemain, la mère de Timothy lui a suggéré de se diriger vers le caserne de pompiers ensemble. À leur arrivée, quelque pompiers se tenaient près du camion.

Quand ils ont vu Timothy, ils ont dit bonjour très doucement. Ils n'ont pas demandé à Mike de sortir comme d'habitude.

L'un des pompiers tendit la main et tapota l'épaule de Timothy.

Timothy savait que les pompiers étaient aussi tristes pour Mike. Timothy ne savait pas quoi leur dire.

Puis il pensa à ce que sa mère lui avait dit.

"C'est vraiment triste, " a dit Timothy aux pompiers d'une voix douce. "Mike était un bon ami et il a eu la chance de vous compter parmi ses amis."

Les pompiers ont souri de petits sourires. "Mike a eu de la chance de t'avoir eu pour ami du feu," a déclaré l'un d'eux.

"C'est vrai, " a déclaré un autre.

Les semaines passèrent. Parfois, Timothy s'est senti si triste et Mike lui manquait tellement qu'il a commençait à pleurer. Lorsqu'il se sentait ainsi, il retrouverait sa mère et ils se serreraient l'un contre l'autre.

"Je suis triste que Mike soit mort," a déclaré Timothy.

"Oui, c'est vraiment triste, " a convenu sa mère. "Je sais que Mike te manque beaucoup."

"Quand je pense à Mike ça me fait pleurer," dit Timothy.

"Oui, ça me fait pleurer aussi," a déclaré sa mère.

La mère de Timothy demanda doucement, "mais est-ce que penser de temps en temps à Mike te fais sourire parfois?"

La question de sa mère a un peu surprise Timothy. Il était silencieux alors qu'il pensait à Mike.

"Oui," a dit Timothy. "Je souris quand je me souviens que Mike voulait chatouiller une étoile."

"Et souries-tu d'autres fois quand vous penses à Mike?" demanda doucement la mère de Timothy.

Timothy réfléchit encore. "Je souris quand je me souviens que Mike m'a laissé porter son chapeau," a déclaré Timothy. "Et je souris quand je mange des gommes à mâcher. 'Spécialement les rouges! Je me souviens de la meilleure façon dont nous aimions les rouges parce qu'ils avaient la même couleur que le camion de pompiers."

"Bien," dit la mère de Timothy, "penser à Mike est très triste, mais même maintenant, penser à Mike nous fait sourire aussi. Chaque fois que nous nous sentons tristes, nous pouvons penser à gravir les échelons pour essayer de chatouiller les étoiles, à porter le chapeau de Mike, et à partager ces bonbons rouges."

"D'accord," dit Timothy doucement.

"Mike était très remarquable et très courageux et un très bon ami," a déclaré la mère de Timothy alors que Timothy la câlinait. "Et très, très chanceux de t'avoir eu pour compain de pompiers."

Copain de Pompiers

Discutez et Découvrez: Des Thèmes à Explorer Ensemble

Les parents et les soignants ont l'expérience de «soigner» de petites ecchymoses avec des baisers, mais l'impact dévastateur du décès d'un être cher n'est pas aussi facilement sujet aux murmures de consolation.

*Copain de Pompier*s raconte l'histoire d'un jeune garçon qui a perdu son ami pompier. L'histoire offre un moyen d'expliquer que, même si la mort est très triste et fait pleurer même les adultes, nous sourions également lorsque nous nous souvenons de l'ami.

Le garçon est rassuré sur le fait que le pompier décédé ait eu la chance de l'avoir comme "compagnon de feu," ce qui est une opportunité pour un lecteur adulte de découvrir les souvenirs affectueux de celui qui est maintenant perdu et de donner à un enfant la même chose amélioré une autre vie.

1. Pourquoi Timothée est-elle triste?

Timothy est triste parce que son ami, le pompier Mike, est décédé. La mère de Timothy a expliqué à Timothy que cela signifiait qu'il ne pourrait plus voir Mike.

2. Que fait Timothy quand il se sent triste?

Timothy trouve sa mère qui le serre dans ses bras. Les mamans ne sont jamais à court de câlins! Timothy et sa mère savent que les câlins peuvent aider à apporter un réconfort.

3. Pourquoi la mère de Timothée pleure-t-elle parfois?

Les adultes pleurent aussi quand ils sont tristes. La mère de Timothy pleure parce que, comme Timothy, elle est triste que Mike soit décédé. Et elle est également triste car elle sait que Timothy est triste.

4. Si Timothy est triste, pourquoi sourit-il parfois lorsqu'il pense à Mike?

Timothy sourit quand il se souvient des moments heureux passés avec Mike. Timothy se souvient que Mike avait dit qu'il allait essayer de chatouiller les étoiles lorsqu'il gravirait les échelons. Timothy se souvient qu'il portait le chapeau de Mike. Et Timothy se souvient que les gouttes de gomme rouge étaient ses préférées parce qu'elles avaient la même couleur que le camion de pompiers. Même si Mike manque beaucoup à Timothy, des souvenirs de Mike font sourire Timothy.

5. Pourquoi la mère de Timothy dit-elle à Timothy que Mike a eu la chance d'avoir Timothy comme son «compagnon de feu»?

La mère de Timothy sait que même s'il est très triste que Mike soit décédé, Timothy a contribué à apporter à Mike joie et bonheur de son vivant. C'est très important. Cela signifie que Timothy a enrichi la vie de Mike; cela signifie que Mike a eu de la chance d'avoir connu Timothy.

Auteure: Madeleine Schachter est une artiste, auteure, avocate, et éducatrice. Elle est l'auteur de cinq autres livres et elle enseigne l'éthique médicale dans les écoles de médecine de New York. Son art a été exposé dans sept pays.

Pour plus d'information: https://www.MadeleineSchachterArts.com et @MadeleineSchachterArts.

Illustratrice: Yvonne Lonergan a 12 ans et vit à New York. En plus de son intérêt pour l'art, elle pratique le ski, le tennis, et le golf.

Taductrice: Colette Lonergan a 11 ans et vit à New York. Parmi ses loisirs préférés figurent le piano, la guitare, le golf, le tennis, la course à pied, et le ski. Elle a grandi entourée de la culture française.

L'auteur, l'illustrateur, et le traducteur font les produits de la vente de ce livre à des œuvres caritatives.

www.ingramcontent.com/pod-product-compliance
Lightning Source LLC
Chambersburg PA
CBHW042102040426
42448CB00002B/101